POUR DEMAIN

Sandrine ADSO

Pour Demain

© 2015 ADSO

Edition : Bod- *Books on demand*
12/14 rond-point des Champs Elysées
75008 Paris
Imprimé par – Books on Demand, Nordestedt, Allemagne
ISBN : 9782322019076
Dépôt légal : Juin 2015

L'arbre qui aimait l'eau

La pluie a vibré une fois encore
Sur les cimes des fleurs et des arbres morts.
Laissant sur son passage des soleils et des astres.
La pluie a senti la lumière et brilla dans tous les astres
Et dans un nuage d'arc-en-ciel
La chanson a jailli de l'eau du sel,
Des océans et des marées.

Feu d'éléments liquides et diaprés
Des couleurs du frisson de la pluie.

La chanson chantait la vie.
Les longues cordes d'eau ont su
Raviver les êtres du jardin des nues
Emportant sur leurs tiges, les profondeurs du ciel.
Pour la ramener au premier pas de la pangée
Et laissérent à ce flot de couleurs emportées
Flot qui monte et qui descend,
Qui s'étale dans le temps.

Jusqu'au jour où l'orage éclata
Où l'orage éclata et brisa
Les cimes des fleurs et des arbres morts
Laissant au sol, une onde qui nous dévore.
Les premiers souvenirs

Des flots et du plaisir.

Quand l'orage partit
Le feu resta près de la vie
Emportant la mort et la vie,
Le faisant renaître et mourir
Dans son brasier de soupirs.

Les fleurs blanches et la lumière bleue
Créant marée silencieuse et désert lumineux.
Mais là-bas sur le sable, la pluie
A vibré une fois encore.
Laissant fleurir la vie
Dans le creux d'un arbre mort
Avec la peur de l'orage, mais avec le sort
De la beauté et de l'ondée.

Petite goutte de lumière
Sur la porte en bois.
Eclat d'eau,
Sur la porte de l'arbre-roi.
Chant d'oiseau
Au-dessus des balustres bleus.
Regard d'eau
Pour une nuit d'orage au son creux.

Juste une petite goutte de lumière
Sur la porte en bois.

J'aime te voir
Crever dans le noir
Ô douleurs, voux n'êtes pas la magie,
Et vous angoisses infinies,
Sombrez dans le lac sans fond.

J'aime ta douce sensations,
De laisser mourir les agonisantes.
Et voir jaillir dans une houle de voûte
Le chaos laisser place au désordre ;
Et le désordre obéir aux ordres.

Du noir, de la magie et du profond
Pour laisser fleurir au bord de l'horizon
Les jours nouveaux.

Je te vois en éclair
Fleurir dans la lumière.
Bonheur, tu es la magie.
Et vous, joies infinies
Etalez-vous sur les abords,
Des bouches de l'ennui.
J'aime.

Elan

Il coure vers toi,
Pour se couvrir de ta loi.
Plus que la liberté
Et l'étendue de l'éternité,
Son chant rime avec vie
Que d'un dieu ou dise l'infini.

Quoi ?

L'éternité reprendra sa chance
Parmi son regard plein de charme.

Aux couleurs salées de l'ondine,
Lumière astrale, tu plonges ta bise sanguine.
Le fluide rose glisse quand je dors
Veux-tu de ma vie un décor ?
Pour que je te raconte ce que j'ignore.

Un doux mystère a croisé en toi son chemin,
Sur son passage, il a laissé des chants ;
Un doux mystère te porte à jouvence.

L'éveil

J'attendais que le jour se lève
Pour venir te raconter mon rêve.
Il m'a fallu de la patience,
Ainsi que beaucoup d'espérance.

La nuit fut claire
Et, là les ténébres permirent à la lumière
D'être parmi le cosmos et nous.

Dans cette nuit claire, ma parole secoue
Tes dernies éclats de terreur.

Non, la nuit il ne fait pas peur
Et mon rêve te raconte le jour
Et je crois, il te faudra de l'amour.

Transmutation

Le soleil descendait à l'ouest,
Alors que revenaient les mouettes
Depuis l'océan.
Valsant d'un soleil couchant
Et d'un horizon infini.

Le vent chantait à six heures et demie,
Le soir glissait
Sur la plus belle journée
Que le soleil offrait à la mer.

Le soleil fusait tel un fusain d'éclair;
Et le cri des mouettes dans le ciel
Annonçaient bien les vagues de miel,
Qui venaient depuis la dernière prophétie.

Et l'on vit le ciel embraser la nuit
En un instant le mal fut beau
Et le bien son modèle.

La Corse

Sur le sable, il y avait des cheveux noirs.
Sur le rocher, il y avait des cheveux blonds.
La couleur du sable et son aspect noir
Laissait le grand espoir
Qu'elle allait revenir.
Car femme des eaux pensait partir.

Sur ce rocher cueillir ses brindilles d'or,
Lui avait glissé à travers l'écume douce
Pour trouver la belle mariée rousse.
La femme des eaux l'aimait
Autant qu'elle reagardait la marée.

Nuit et jour, jour et nuit
L'homme blond ignorait
Que la mariée était la marée.
Un jour cheveux blonds virent
Sur le sable les traces sombres.

Ne fussent ses pas ?
Ne fusse qu'une ombre ?
Ce n'était qu'un épars de chevelure
Coloré, doux, roux, ébène
Que la marée aujourd'hui traine
Jusqu'au bout de l'horizon.

Bris de mer

Les rochers brisent la mer
Et la mer se sépare bien avant la terre.
Les crêtes des vagues semblent s'écorcher
En d'infinies vagues de rocs éclatés.

Bien avant le plus grand des naufrages,
C'est que l'assassin de l'eau est sage.

Immenses rocs pointus et rassemblés
Au centre de l'océan désuni et désorienté,
Mais quand l'eau frôle l'éclat du roc,
C'est l'unité qui se jette en rafales
Sur ce somptueux rocher,
Qui disperse les unités.
Les rafales et l'océan salé
Qui se jettent toujours
Et toujours
Sur la pierre ;
Qui laisse pleurer toute la mer
En million de larmes transparentes,
Millions de chemins vers lesquels chantent
Les futurs gouttes de mer orphelines
Marines,
De l'océan,
Et de la nuit des temps.

Glace où je fonds

C'est un lac au fond de ses yeux,
C'est une rivière sur son sourire,
Sa bouche a des regards heureux.
Je l'aimerai toujours avant de mourir :
Transparente est la phrase qui me reviendra
J'aime déjà ta vie.

Les griffures du beau chat,
Qui écorchent mes yeux la nuit.
J'aime cette couleur et cette eau
Que tu as profonde et observe
Rouge et lumineuse qui monte au verseau.
Ta voix s'élève dans mes jours plein d'averse.

Que représente l'éternité dans tes bras?

L'éternité ne sera qu'amour et toi tu seras vie.
Je coule dans les flots de ta parole
Mourant de bonheur dans ses cristaux bleuis.

On connaît la mort bien avant la vie
Car c'est l'amour qui nous fait connaître la peur.

Cette âme animale translucie les coeurs
Cantonne l'amour, dans la beauté, au détour du sentier ;

Parfois j'ai mal, mais j'aime sentir
Le poids, le fardeau des siècles d'amour ammoncelés.

Magie

La magie est bleue, toute chrysalide verte
Son espoir est mon corps, entrée ouverte.
Sa vie est une cascade beige, emplie de pierres,
Et quand je m'y baigne, non je n'ai pas mal :
Car ses mains sont des prières.

Il a l'allure de la beauté,
Il la promène dans les prés
Et moi, je le suis.
Et moi je vis dans sa forêt.

J'y vois une cabane où surgissent les mages blancs.
Ils nous aiment et nous protégent à chaque instant :
Et le présent est un fleuve de couleurs.
Et ses yeux sont des miroirs de bonheur ;
Je ne vois que moi dedans ;
Et son amour est écrit dans son chant
Quand il me fait l'amour.
Nuit mémorable
Qui brilla un jour.

J'étais dans son âme adorable,
Il était dans mon corps.
Géant de la mémoire de mon espoir,
Il vivait dans mon corps.

Comme le seul fruit qui brille dans le noir,
Ses mains avaient la position de son coeur
Fermé contre mon visage pour protéger
La couleur de notre demeure
Celle du prophéte sacré, qui rêve de l'union des fées.

Aucun crime ne fut commis cette nuit là,
La paix régna dans le ciel et l'étoile brilla.

Le jardin du bois

Un petit bruit dans le jardin.
Et ma mémoire se souvient
De ce regard clair et de ces rires ;
Là où tout mon coeur chavire.

Le son était silencieux
Mais surtout mélodieux,
Comme une vague déferlant sur moi.

Aujourd'hui, je défais mon substrat
Pour arriver à parler au jardin de mes nuits.
Ma mémoire s'y promène, y replonge de la vie.
Et ce sourire de mes yeux m'a touché
Comme la rose au printemps de lys ;
Et ce regard chante dans le calice
Jaune puis orange,
Car sa mémoire ce n'est qu'un mot.

Printemps, été, hiver, automne changent.
Toi ; en pluie battante
Berce ces souvenirs dans un miroir d'eau.

La mer et le rêve

L'enfant qui nageait si souvent seul
Rêvait d'un autre pays aux vastes ailes.
Loin de ses cauchemars, il s'envolait seul
Dans l'eau bleue et les prairies dorées par le sel.

Comme le soleil, il pensait que chaque jour était le même,
Comme l'horizon, il ne voyait que la mer,
Et de jour en jour,
D'écumes en écumes
Son voyage grandissait toujours.

De jour en jour, il pensait à son enclume
D'encre bleue et de papier mouillé.
Son écriture fusait comme le soleil endormi ;
Et au-delà des flots et des vastes prés
L'enfant attendait une autre vie.

L'enfant qui nageait si souvent seul,
N'avait que pour parents,
N'avait que si seul
Quelques courants chauds de sang ;
Quelques ors bleus,
Qui lui caressaient
Quelques pays creux
Où il allait dormir chaque été.

Air

Sur une clairière,
Un jour vient s'y poser
Des oiseaux de mer.
Ils avaient profité du feu et de la nuit étoilée
Pour s'accoupler avec le vent,
Pour atteindre les premières verdures.

Leurs regards et leurs pelages ne virent pas d'eau
Et, ici et là, quelques soleils et ouvertures
De musique et de lumière.

Belle, belle clairière
Tu as abrité les oiseaux de mer
Pour qu'ils posent leurs nids sur terre.

Voyage ensoleillé

Le soleil brille dans ses yeux
Eclat sous bleu dans un vermillon feu.
Lune de lumière et de couleur,
Tu transportes en moi toutes ses fleurs
Dans le cercle ardent
Au bord de mes vingt ans.

Je vois passer la joie d'un enfant
La vie de la lumière mauve
M'emmène dans des voyages fauves.
Comme une peinture,
Comme un murmure.
Les mots sont des couleurs purs
Et tous portent la vivacité du jour,
Où par ma douce force, je vis dans l'amour.
Longtemps paroles florales sont
Comme l'iris de tes yeux si bons.

Au cil de tes trente ans
Dix ans nous relient
Et le présent nous unit.
Car quand je vois ta lune brillante
Tout mon être vit et s'enchante
Se recueillant de fleurs et de rires,
Tout ce que ton regard porte à ton sourire

Et l'air tout autour chante le bien,
Quand je suis avec toi,
Quand tu es avec moi.

Que les trajets de ma pensée
Fusent comme un stylet ;
Que les trajets de mes chemins
M'amènent jusqu'à tes mains, baiser.
Ce contact gracile,
Ce désir fragile
De mes lèvres et de ta paume,
Sont ta lumière pour une femme.
Femme, suis, amour, vie
Dans tes yeux la joie et la force
De plantes plus vertes que l'espoir.

Fluidité apaisante respirant avec le soir
Qui parlent le langage des cyclamens,
Et moi, devant ce chant rêve d'être tienne.
Longtemps tes paroles gardera
Dans mes vingt ans et le coffre de mes bras.
Ah ! Que ne pourrais-je m'envoler
Jusqu'à ta fenêtre au pays de l'été !
Ah ! Que ne pourrais-je être le ciel
Et dans tes bras mon aimé être belle !,
Et dans tes bras mon aimé être celle

Qui dans un vol mauve et vert
T'emménerait au pays des troubères.

Là je t'apprendrai
Tout ce que je sais
De ma vie.
Elle te gardera mon âme
Comme la belle empreinte
Qu'une tige reçoit
De l'eau, des flots.
Un arbre qui croît
De la mer et tôt
Dans le matin,
Sur le long chemin.

Recevoir ce soleil, cette lumière
Que je t'envoie comme une prière.
Comme le soleil de l'aube à la lumière
Envoie ses premiers rayons,
Tu irradies comme un violon
Les notes que me dictent tes yeux.

Comme c'est bon l'amour sur un parchemin
Oublié écrit par deux mains :
Je te vois quand tu m'écoutes,
Et devant nous défilent toutes les routes.
Mais celles du parchemin oublié
M'a rendu mon bonheur effacé.
Car dans ce papier mouillé de lune
Il y avait le remède au taciturne.

Je l'ai attendu longtemps
Mais il est parti dans le vent.
De lui m'est resté
La force de dire oui
Je suis ici
Encore pour te parler
Je te parle quand tu m'écoutais.

Dans mes nuits, je vois des fleurs
Elles ont la couleur, le parfum, la chaleur
Mate du soleil d'été qui plane en amont,
Sur cette colline parsemée de champs sont
Les plus belles herbes, oiseaux
C'est un pays où il fait beau.

Nuit d'ébéne, portée par l'éclair
Elle se trouve belle dans sa chair.
Chant de minuit sur l'ouragan
On la voit danser,et virevoltant
Sur son corps
On imagine qu'il l'adore.

Il a les mains en croix sur son destin
Et lentement dans son ventre il attend demain,
Son jardin, sa maison, ce sera elle.
La nuit fut si réelle et si belle,
Que son rêve il décida de le sentir,
Alors, il parcoura les sentiers, sentit tous les elixirs,
Trouvant l'opium de sa vie
Dans un square à midi.

Assise sur du sable elle contemple le ciel
Ceci n'a plus qu'à jaillir de terre
Pour justement l'emporter dans ce ciel ;
Où ses yeux et son corps plongèrent.

Océan infini d'amour,
Cette nuit dura un jour
Mais au matin, il fut toujours
Seul, dans le désert de sa vie.
Appellant à travers ses cris

Cette femme au regard éperdue
Qu'il imagine enlasser nue.

L'air était pur et bleu
Et la lumière souple dans le vent.
La liberté faisait ouvrir ses beaux yeux,
Et l'on respirait le souffle du feu nonchalant
Celui qui donne des ailes dans le froid,
Celui qui illumine les astres éteints et insolents.

Le premier être de ma vie parcourait le temps
Pour m'en faire partager
Tout les magnifiques secrets.
Ceux qui donnent force dans le froid.
Souvent j'ai rêvé
A ces matins brumeux
Où l'on capte la lumière d'atalhée.
Pour en faire en son sein, tout un ciel bleu.

Le premier secret fut l'histoire de ma vie
Celui qui me renversa à l'hécatombe de la première nuit.

Aussi les lumières du jour
Commencérent à éclairer amour.
Mais quelle peur indicible se cache
Dans les rochers
De mon âme effritée ?
Ce fut la mort éclatée.

Alors, je partis en pleurant
Avec le sort du temps.
Et sur les rives de la marée,
Je laissais s'envoler
Mes terreurs
Pour retrouver
Tout les bonheurs
Secrets.

L'Atlas

L'atlas tient le bout du monde
Et dans ses yeux dorment les sondes
Qui transpercent les océans,
Qui brûlent les marées de diamant.

Il a sur lui toute la création,
Il a pour lui cette étrange couleur,
Bleue comme la Terre.

Tant il ferme les yeux, tant il éclaire
Les abysses souterraines dans la lumière,
Et il danse sur les flots d'Aphrodite.

Simplement ne sait-il pas que sa réussite
Tient dans les flammes de sa Force
Cristaux des Dieux dans l'écorce
Des arbres qui montent au-dessus de lui
Il est heureux.

Soirée d'hiver dans une nuit d'été

La vie est longue comme un désert,
Et toutes les nuits sont étoilées.
C'est le recueillement des rivières,
Coulant et glissant le long des chemins.
Beauté et suprême et vie.

La glace coula dans le feu
Et ce chemin m'a tout appris
Oui, j'ai pu observer les cieux,
Leur lumières coulaient,
Leur clarté roulait
Comme un soleil qui se dilue sur les terres ;
Où les couleurs se marient partout.

Il faisait froid et orange
Ma main reçue toute cette eau
Et c'est dans la transparence de l'ange
Que les nuits et les jours devinrent beaux.

Les éclairs bleus
Qui chantaient dans mes yeux.
Pourquoi tant de lumière sur moi ?
Manteau drapé et fluide.

Je me suis allongée et j'ai ouvert les bras

Toutes mes pensées de pleurs humides,
Chaque invisible prenait corps,
Et chaque corps prenait couleur.

Il n'y avait que cette vie
Qui prend forme à midi, à minuit
Dans un échange où passe le bonheur.

Si un jour tu t'en vas
Préviens-moi.
Il y aura du feu.
Si tu me laisses là,
Je ne te laisserai partir qu'heureux ;
Alors je crois que venir vers moi :
Sera le jour, le feu, le départ
Sur le pôle extrême de ta joie.

Si tu pars, ne m'oublie pas
Si tu m'oublies, ne pars pas.
Pense à moi
Et
Reviens-moi.
Je viendrai, si je pense à toi
Je pense à toi, si je reste là.
Avant ton départ
Laisser ta mémoire
Au plateau des souvenirs.

Chance

Le feuillage de votre silence,
A la couleur de vos yeux.
Celle qui distribue toutes les chances
Et retrouve le baiser-heureux.

Je ne saurai vous dire
Si d'amour ou de respect
Je saurai cependant vous dire
Mes remerciements feront pâlir
Que :
L'amour a la couleur
De chacune des fleurs
Que :
L'on voit penchées sur la lumière.
Ô merveilles, amour et clairière,
Vous êtes arbre et écorce
Tout empli de cette tendre force.
De donner à votre visage,
Le chant de cet oiseau de passage.

Ainsi s'envolent les couleurs dans votre regard,
Et la clairière s'ouvre devant vos bras.
Vous portez cet amour qui est un départ,
Et chaque murmures mènent un combat.

Je ne saurai vous dire
Ce que l'on entendait derrière les menhirs.
Murmure ou désir,
Murmure ou espoir.
Je saurai vous dire
Que vous avez donné vie à mon âme.
Et mon âme avant de partir,
Saura bien reconnaître l'autre âme,
Celle qui flotte au pays des songes.

Pays des songes et de la clairière,
A présent le lac éclairé par le jour
M'a conduite aux genoux de l'amour.
Amour animiste,
Justement,
Coeurs animistes,
Remerciements.

Une prière

Une prière universelle pour que cessent les guerres,
Des chants d'amour pour cette prière.
Que se taisent le mensonge des paroles.
Que la paix offre son drapeau et ses banderoles.

Une prière pour que survive l'infini
Des mots de fraternité et de vie.
Echapper à ce poison qui s'appelle haine
Une prière pour briser toutes chaînes.

Qui blessent l'Humanité,
Qui chantera cette prière?
Chaque homme et son frère
Espoir, c'est bien Toi en vérité…

Qui porte ce monde
Hors de ta boîte de feu.
Le monde fait la ronde
Avec le soleil bleu.

Une prière sans nom, sans patrie.
Une prière pour tous les hommes,
Une prière, comme la vie
Une mélodie d'éternité, comme :

Ces jeux d'enfant qui durent toute la vie,
Prière, prière, je t'entends, te salue et te dis
Laissez vos coeurs fleurir
Laissez le mal mourir.

Pour vivre d'amour et de joie,
Oui, la prière n'est pas une loi.
Je te donne mes mots,
Je te donne ma foi,
Juste l'écume sur les flots,
Et la prière chante, là-bas
Au-delà des océans
De continent en continent
Le monde renaîtra…

Que les pleurs des femmes soient apaisés,
Que la peur des femmes soit écoutée
Pour que la joie et la confiance
Ne soient plus une simple chance.

Mais une vérité.
Je crois en cette humanité
A la lumière et au vent
A la promesse des enfants.

La prière, c'est ma certitude, ma confiance et mon espoir,

Elle interpelle l'Homme avant Dieu,
Elle éteint les ténèbres noires
Et que soit protégé, chaque chemin,
Mon bonheur, te rendra bien, heureux.

La prière appelle le soleil,
Mon soleil appelle la prière.
Viendras-tu au pays des merveilles ?
Pour protéger cette lumière.

En attendant la paix,
La prière chuchote l'amour
En attendant la paix.

La prière viendra te parler du jour,
Un peu fou, où l'Humanité
Cherchera et trouvera l'amour
Et, la confiance dans ce matin d'été.

Parce que l'hiver a été trop dur
Et ce coeur si pur.
Parce que la guerre, ne doit plus être
J'appelle et ouvre les fenêtres.

La colombe vole et chante
Cette prière?

Belle, insouciante,
La perle arrivera dans l'éclair.

Que je t'ai promis.
Que tu m'as donnée.
Prière de vie,
Pour l'éternité.

Et cesse la douleur !

La nuit même bleue
N'a épargné le feu
Et les oiseaux prennent peur.
Je ne veux pas leur…

Ressembler !
J'ai choisi de porter jusqu'au bout du monde
Le ciel et les étoiles et les bleus piliers
Qui farfandollent en rondes.

Il y a les vagues, alors
Et encore, les mêmes ? Vagues.
A mon âme je verse encore
Dans les fontaines perdues les bagues…

Que les chevaliers se lèvent
Même si la nuit est bleue
Plonger dans les fontaines et toucher le rêve
L'anneau d'amour, d'or et de feu.

L'oiseau saura bien retrouver son chemin
En suivant le cap de chaque étoile
Liberté la nuit même bleue, même demain
L'oiseau volera très loin du mal.

Dans une demeure céleste, aux colonnes océanes

Sous les flots, Hercule tu n'iras pas plus loin.
Et l'anneau roule blanc et diaphane
Chevalier, tend ta main.

Que cherche le feu, au-delà du rêve?
Que cherche l'amour au-delà de l'or?
La lumière… une jolie trève ?
Le cadeau qui aime et protège?

Toute l'histoire est écrite pour les chevaliers
Tous les chevaliers écrivent leur histoire,
Sauront-ils à nouveau chercher…
La clarté intérieure de nos miroirs ?

Reviens vers midi, à l'heure où le soleil décline
Les arpèges de toutes les comptines.
La nuit même bleue
Versera tes yeux.

Dès lors, plus de craintes, de terreurs et de folie.
J'ai choisi l'espoir des silences
Ceux qui portent les piliers de la vie.
J'ai choisi d'aimer toutes les errances.

Et de pardonner ton départ…
De la terre aux cieux,

Poser le regard
Sur cette nuit bleue.

Qui a bercé et l'amour et l'amour
Dans les flots ira mon âme
Porter derrière le sentier du jour
Le vent, le froid, les larmes…

De feu seront nuit bleue
Peut-être, le chant alors s'éléve,
Viens, viens fleurir au parchemin des dieux
Couler le nectar de tes rêves.

Où est l'alliance de ce bleu et de cette nuit ?
Quel homme saura retrouver la fontaine,
Pour à nouveau germer la vie ?
Attendre le coeur délivré de toute haine.

Et tu viendras
Même si la nuit est bleue.
L'oiseau du jour verra l'éclat
Plus de craintes, et les dieux
Retrouveront leurs sandales,
Abandonnées aux étoiles.
Dans un cadeau très doux,
Le plus beau sourire du fou.

Même si la nuit est bleue
Toujours sera bleue.

Lui

La nuit folle est partie avec tous mes rubans
Mes fils de soie, mes fils de nuit, mes fils de vent.
Dans mes bras jour d'hiver
Et parti l'été pour la guerre.

J'ai regardé la nuit
J'ai regardé le jour,
Un espoir qui dure une Vie
C'est plus fou que de l'amour.

J'ai regardé, il n'était plus là
Encore parti, encore échappé.
Il s'appelle nomade là-bas
Ici, il s'appelle chevalier.

J'étais les larmes
… De ses larmes.
Les bras de ses bras
Et l'oiseau n'avait plus froid.

Mais quand la tourmente s'élance
Les chevaux redeviennent blancs ;
Et quand les fleurs deviennent transe
C'est le matin où tu es parti tremblant.

Seul, tu avais peur
Je t'ai offert ma demeure
Mon coeur et mon corps
Et tu es revenu encore ;

Et le vent dans tes sandales,
Le temps qui tue
Les jours qui font mal.
Je suis le rivage
Qui chante dans la rue.
Je suis le mendiant
Qui s'asseoit près de toi.
Laisse-moi gravir pour aller vers toi,
Les dernières montagnes qui aiment le vent.

Laisse-moi être ce dernier ruisseau
Au bord de tes yeux mi-clos.
Je suis et la nuit et le jour
Je suis et la Fin et l'Amour.

Aujourd'hui c'est moi qui ai peur
Attends, attends le bonheur
Comme la pierre
Au bord de la rivière.

Je rêve de toi

Mais le caillou a un coeur qui bat,
Petit oiseau perdu,
Regarde la branche nue
Qui n'attends que toi,
Pour le petit nid.
Il fera froid
Mais jour en pleine nuit.

Je t'oublierai en aimant
Toute ma vie,
Et j'affronterai le vent
Et les vampires de ces nuits.

Tu sais, l'amour protège…
Même la nuit, même les arpèges.
Que le piano de ton esprit s'élève
Et de gamme en gamme jusqu'au rêve…

Peut-être nous retrouverons-nous
Au bord du lac immobile :
Il y aura le feu qui chante cette idylle
Je chanterai pour éclore tes secrets les plus fous,
Je chanterai pour que tu n'aies pas peur,
Je chanterai pour qu'elle reste encore une heure.
Cette lumière qui rend courage et dignité,
J'écrirai pour les plus pauvres et les plus déchirés.

L'amour et la parole se donnent
Même si tu es parti
Ton souvenir est comme du marbre fissuré, se donne
Aux enfants qui pleurent, qui crient.

L'amour est plus fort que tout.
Alors pourquoi j'ai mal ?

La neige

Elle cache les épines
Et laisse les vents à leur folie,
Elle blanchit les fleurs.

Et la maison de la neige, s'appelle le ciel
Viens, viens avec moi dans les étoiles
Pour contempler l'étincelle :
Le feu dans nos coeurs de cristal.

La douceur immaculée
Se donne à tes premiers baisers.
Je t'invite à partager
Mon temps et mon éternité.

Je t'invite à ne plus avoir froid
Et t'enrouler dans les bras
Du cadeau sincère
De la neige qui espère…

Le soleil, le vent et les jolis petits pas de dame licorne :
Oui, elle t'aime
Cette licorne
Elle sourit et t'aime.

La douce licorne des neiges t'ouvre son foyer

Son âme et te propose des balades ;
Plus bleues que la nuit, même bleutées
Et t'invite à chasser les mascarades.

Licorne et chevalier s'unissent
Pour, ensemble gravir les sommets et les vallées
Amoureuses, enneigées.
Et si j'étais la neige, et si tu étais délivré des maléfices.

Alors, dans un grand feu de neige et de baisers,
L'ardeur sera de plus en plus partagée,
Et de cette neige, nous ferons un lac, un étang, une mer, un océan
Tu verras une vie sans sacrifice, un horizon blanc.

La neige t'aime,
Comme certains lieux m'aiment.
Les chevaliers fréquentent les clairières
Laisse-moi être une prière…

Laisse-moi être une lumière
Et comprends que de la lumière à la prière, c'est ma chaumière
Où ta neige
Qui est le premier arpège

De notre premier bonheur

A nous deux mérités.

Mais encore, la licorne des neiges murmure :
N'aies pas peur
N'aies plus peur,
Car ton coeur est aussi pur,

Que le matin sur l'horizon blanc,
Que notre horizon dans le matin et l'océan !

Tu voyages, où vas-tu ?
Je n'attendrai plus
Avec toi j'irai.

Pour toi

Dans ta solitude, je perçois des vallées,
Et tout ces océans, toutes ces forêts
Qui portent ton amour,
Tu es clair comme le jour.

Et…
Mystérieux comme la nuit
Tes yeux sont le regard de tout ce que je veux que tu   découvres, et
Majestueux, tu aimes la vie.

Et tout ce respect donne à ma bouche
L'envie de ta bouche,
Les mots que tu dis
Les mots que je te dis…

Et nos paroles s'envolent
Dans un corps uni à toi
Dans ton corps uni à moi
Et la beauté s'envole…

Aux portes du ciel,
Au rêve d'être toujours belle
Pour toi…
Je te propose mes éclats

De lumière
Et de mystère.
Surtout enveloppe-moi de ta douceur
Et moi de tes parfums.

Qui brûlent dans la coupelle sacrée
De ta joie, de ta Vie.
Tous les encens pour cette nuit d'été
Et peut-être pour un repos promis.

Dans les bras de ma force
Qui ne sait qu'aimer.
Et la joie sera la force
Plus forte que les jours passés.

De toi à moi, je te livre mes mains
De toi à moi, je te livre les mains
Où tu viendras cadencé
Mon jardin fleuri par tes pensées.

Deviens mon feu ardent
Et mon souffle chantant
Que mon corps apaise ton âme,
Pour qu'à nouveau chevalier aime femme.

Et dans le premier matin, de notre prochain lit
Je serai là c'est promis…
Tout près de toi.
Pour toi.

Alors peut-être nous fleurirons ensemble de lumière
Alors peut-être franchirons-nous les portes de la terre.

Je veux ta bouche comme un louange,
Je veux tes yeux doux comme un ange.
Je te donnerai peut-être la clé du jardin qui rêve de t'aimer.

Le soleil qui pleure, la lune sourit
Je te regarde dans ta lumière,
Je t'écoute dans ta prière.

Parfois tu pleures ou tu souries,
Lentement, j'entends de lointains cris.

Alors j'oublie qu'il fait froid la nuit,
Et j'espère t'entendre prononcer mon nom tout petit,
Qui rentre dans les serrures,
Ecoutant chaque murmures.
Oui, il y a du feu,
De tes feux, mes yeux.

Les chemins m'accompagnent aux abords de la fontaine.
Et me ramènent à genoux devant l'amour et sa peine,
Qui me couche… Me ramène aux abords de la fontaine
Là où parfois tu tremblais,
Pour me faire exister.

Ta voix est un filtre qui inonde mon âme
J'aime te parler, être ta femme
Et ce soleil explose dans un rayon de sable,
Souvenir de l'océan et de cet érable.
Contre lequel ensemble nous jouions :
Si tu m'attrapes, je t'embrasse,

Si je t'embrasse tu m'embrasses.

Le délice du baiser,
De toutes ces nuits où les étoiles pleuraient,
Parce qu'aujourd'hui, personne n'avait prononcé mon prénom.
Alors je me suis couchée et je t'ai attendu toi, ton nom
Qui es-tu ?
Loup furieux des forêts en mue,
Tu chantes avec l'automne,
Tu dors avec le feu qui sonne,
Tu pleures avec mes chants qui raisonnent.
Je suis sur la route des mots.
Ici, il fait beau.
Et je danse dans la tourmente,
Et je te cherche toi qui chante
Tu me donnes la suite, la continuité
Et la fin devient une réalité
Que j'apprends à ignorer.

Tu m'as souris
Alors j'ai ouvert les bras
Vers toi…
Dans une autre vie ;
Où les colombes caressent les aigles,
Pluie, pleurs même le souffle te dérègle

Il y a vie et ta vie,
Et moi...
Je souris au soleil la nuit
Je pleure dans l'écrin de la lune, là.

Mais, regarde regarde la bas
Et tu verras le soleil transpirer en frimas de frissons
Et je te donne mes baisers, mon ventre rond
Tu pleures mon prénom,
Tu chantes en chanson ;
Tu vis comme un oiseau
Que tu trouves beau.

Non, ce n'est que sa chanson,
Les mélodies
Qui n'en finissent pas, de frissons
Les refrains de vie :

Je suis près de toi,
Mais où es-tu ?
Parfum de fugue
Parfum de fugue

Et si j'ai le droit de t'aimer,
C'est parce que le soleil a cessé de pleurer.

Je me donne le droit de rêver,
Et de fuir les loups garous égarés
Je caresse tes doigts
Et je chante avec ta voix

Tu m'as donné ce poète,
Alors plus rien ne m'arrête

Je suis ici, là et maintenant
Quand le soleil pleure,
Quand souris la lune.

Tu es parti pourtant
Et je regarde l'heure
Et je grimpe la dune

De ce désert
Où je t'a vu naître en prière
Et je t'aime
Toi qui fus une fois blême.

Alors attends, attends
Laisse-moi courir de nouveau vers l'océan
Où l'écume sanglote de courage
Luttant contre ces lourds nuages

Les mots pour dire je t'aime
Et ne sais si tu m'aimes.

Alors j'ai peur,
Moi femme vers ton bonheur
Alors ….

La pluie

Et la pluie chante avec la nuit
Et le soleil darde ses cris.

On l'entend depuis la forêt,
On l'écoute dans la matinée.

Il roule en cascade,
Ce tonnerre de ciel.
Où pluie et soleil proposent l'escapade
Vers les arbres et les figues de miel.

Alors je te tends les mains,
Alors j'aime les matins,
Où il fait bon se promener
Où il fait bon s'aimer.

C'est parce que c'est toi.
Ce sont mes lois :

Elles courrent vers le cinquième horizon
De l'aube du soleil à l'aurore de la nuit.
C'est un chant sans aucune trahison
C'est une parcelle de ma vie.

Limoges, le 15 février 2015

C'est le soleil qui m'a dit je t'aime
Et j'ai choisi sa couleur,
C'est la lune qui sourit blême,
Ce soir elle a peur.

J'ai posé sur le premier rayon
Une larme pour écrire ton crayon
Ce sanglot monte à la cime
Et caresse mes rimes.

Sur ce piquet
Il y a de la lune et du soleil,
Dans mes rêveries bleutées
Et il faut le dire : des merveilles.

La bonté des âmes,
La tristesse des femmes,
J'ai choisi
Une vie

Où j'ai attendu : le soleil, la lune, le piquet
Un commerce avec l'éternité…

La douleur d'être
Sans l'être à la fois.

Le courage qui ressemble à l'espoir
L'alchimie d'une vie
Une seule, chaque soir
Où la lune enfin me sourit.

Dire merci,
Et être trahi.
Donner des sourires
Pour l'échappée de mourir.

Toi, printemps qui revient
Tu me donnes le matin,
Comme je te donne mon premier pas,
Un pays qui porte la Loi

De tous et de chacun,
Toujours cette main
Que je tends vers toi,
Que tu prends chaque nuit.

Mais au matin
Les étoiles frôlaient le bleu satin
De la plus belle espérance,
Donner une chance…

C'est parfois se taire,
Mots cachés dans la lumière :
La douleur est encore vive
Et je la couche sur la tendre rive.

De mon sommeil, l'amour est rempli de feux
Et d'eau, sur mes larmes.

Faire confiance au temps
Qui ne dévore que ce qui se fâne
A la chasse, il y a des biches qui glânent

Le premier soleil
Et la dernière goutte de lumière.
Dis : " toi petite feuille,
Arrête de voler sur la terre

Et viens sur mes yeux."
Sécher ces larmes qui fleurent bleues.
Parce qu'elles se cachent
Pour croire qu'elles n'ont que la tâche
De ne pas jaillir
Pour ne pas mourir.

Alors je me coucherai aux douces couleurs
De notre vie,

Fertile comme le bonheur,
J'ai grandi.

Je sais que c'est toi
Qui remplit ma voix.

Statue de marbre, fort et brave
Puissant comme la lave.

J'ai vu des astres inconnus ;
Il y avait toi
Et toi
Et toi
Et toi et toi.

La licorne du soleil

D'abord elle chante, quand elle te regarde,
Mais, toi tu ne la vois pas :
Tu n'entends que son chant qui te mets en garde
Alors tu cherches ici et là,

D'où vient cette étrange lumière
Elle caresse tant de fleurs,
Que d'amour et de prières
A Brocéliande règne le bonheur.

La licorne de soleil, aime aussi la nuit
Elle sait se méfier de l'homme
Elle le sait depuis…
Que le chevalier s'est fait simple homme.

Alors elle galope tout le temps
La corne au vent
Les yeux dans les étoiles,
Nul ne peut lui faire du mal.

Alors tu la sais,
Mais ne la vois.

Juste cette alchimie
Qui donne vie et vit.

La licorne du soleil
Rayonne
De par l'amour des merveilles
Elle chante, elle donne.

Juste tu la sais
Mais ne peux l'approcher.

Et pourtant, elle est là…
A côté de toi.

Que l'homme se fasse chevalier
Et la licorne éternité.
C'est une douceur, un regard clair
Bienveillant, prometteur de beauté
Promets l'avenir fier
A sa corne.

L'horizon
Je donne à la vie,
Mes joies du matin.

Je donne à mes nuits,
Mes premiers rêves, presque satins.

D'abord cet horizon
Qui jaillit comme un cheval

Et pourtant calme, il est blond,
Il traverse, il cavale.

L'horizon chante et danse
Mon coeur connaît la chance

De chercher un autre horizon
Celui que je confonds

Au tien,
Alors viens.

Je vole

Il y a dans le ciel, cet oiseau
Il y a dans mes yeux des flots si beaux,
Que les larmes inondent ma joie,
Et pour tout dire, il y a surtout toi…

Mes pensées en arabesque farandolent,
Autour de toi, et tu me donnes la parole.
Un instant, un seul instant et le bonheur est là,
Telle la promesse du matin, du bois.

Alors, je sais, alors j'attends
Que tu t'envoles avec moi,
Je reste au soleil depuis cent ans
Et je te donne mes sourires et quelques lois.

Je sais que mes mots s'évaporent
Dans ton souvenir ;
Je sais que toujours et encore
Tu me donneras le rire.

Soleil de ma vie
J'aime voguer sur l'eau de ton sillage
Oui tu laisses mes regards flotter sur ce lit
Où, ni lune, ni soleil ne laissent de messages.
Seule me dit ta bouche.

Et j'écoute le vent jouer avec ta harpe de lumière
Je t'en donne ma prière.
Il ne reste que le mystère
De cette nuit sans guerre.

Pourquoi cette journée, cette nuit
De trêve,
Merci.
Je rêve.

C'est une liberté que j'accepte,
Sentir tous tes gestes.

Ils sont la danse de mon coeur
Et le rythme inconnu sans peur.

Pour toi

Dans tes nuits longues et solitaires,
Je voudrais faire grande lumière,
je te veux des journées de joie,
Je te veux des journées où tu es toi.

Et tu sais, quoi ?
Je suis comme toi.

Je cherche moi aussi
Ces journées de vie,
Et je ne les trouve qu'avec toi :
Enroulée dans tes bras.

En croisant ton regard,
Un peu tard, un peu fêtard,
J'en appelle à ta tendresse,
Et nous sentirons nos caresses.

Nuit d'amour,
Qui clôt le jour,
Il y a mes rêves bleus
Et notre cheminement heureux.

Pour le temps

Un poème pour oublier,
Un poème pour effacer,
Le temps
Le vent.

Et se rapeller les cordes du ciel,
Oui la nuit sera belle
Au fin fond de ta nuit
Il reste un souvenir, un défi

Pour oublier
Le temps, le vent
Les mots d'adieux inoubliés
Les instants secrets.

Il y a dans ce temps,
Un si grand vent,
Que je ne sais
De quel côté m'envoler…

Ici, il y a un lac plat
Ici, il y a la mer rêveuse,
Et je pars avec toi,
Dans ce temps fou qui creuse

L'espoir d'être avec toi,
Etre loin du froid,
Du vide, du feu
Pour être plus près de tes yeux.

Je cherche pourtant,
Ce vent. Pour m'en faire un ami
J'essaie toujours de respecter la vie
Pourtant, Pourquoi le temps ?

La nuit est partie au soleil des étoiles
Et je peux jouer avec ce joli cheval.

Qui a choisi d'être mon ami.

Je l'aime parce qu'il est bleu, parce qu'il est blanc.
Je l'aime parce que ses yeux sont doux,
Je l'aime car il est noble et progond,
Je l'aime car il me parle dans la nuit.
Je l'aime car il me parle tout doux,
Je l'aime car son regard est transparent.
Je l'aime car il me pénètre et respecte mes sourires
Je l'aime car il m'a réappris le rire,
Je l'aime car il connaît les secrets de mon firmament
Je l'aime car il me redonne vie.
…

Et qu'il la protége pour ne pas mourir
Je t'aime parce que c'est toi.

Pour lui

Un poème rien que pour toi,
Une chanson qui résonne vers toi.

Et je suis là, les bras tendus,
Le feu dans mes yeux nus.
Plus fragile
Mais aussi plus docile,

Quand tu es là…

Tu es ce nouveau printemps
Qui respecte mon temps…

Mes temps de rêve,
Mes désirs de trêve.

Je rêve d'un monde où sans peur
Tu prendrais ma main,
J'accrocherai à tes murs, un bonheur
De toutes les couleurs :

Premier tableau de notre amour
Premier moment fluide de joie,
Je te donne tous mes jours
Et je t'autorise les nuits de là-bas.

Où le sommeil se mêle à mes rêves
Où comme un guerrier tu prends la relève.

Il y a le matin, le soir
Pour sortir du desespoir:

Laisse-moi te présenter mon univers
Et goûter les nouvelles prières.

Je te promets :
La joie et la beauté.

Tu m'apprends la vie
Et je t'en remercie.

C'est un besoin
Sentir tes mains

Sur mon corps blessé
Auquel tu redonnes santé.

Chasser les angoisses,
Je te donne ma paroisse
Elle est douce de baisers,
Elle attends ton été…

Que le calme t'apaise
Et que tu reprennes la glaise

Pour façonner
La femme que je serai.

Mais pour toujours poète !

La vie

La vie ressemble à cette goutte de pluie
Que tu ramasses les yeux bénis.

Et je suis là
Pleine d'amour pour toi.

La vie ressemble à tous les matins
Que tu tiens et retiens cette main,
Qui ne demande qu'à partir
Un souffle qui ne demande qu'à rire.

Et je suis là
Pleine d'amour pour toi.

Je te donne mes feux
Et j'ai cessé les jeux

Qui de mon enfance
Gravaient en moi l'innocence,

Maintenant j'ai grandi ;
Maintenant j'écris.

A chaque mot, je retiens une larme
A chaque pas je saisis ton charme.

Je te donne les mots
Tu me donnes la musique,
Tu me dis à bientôt
Et je rêve et le magique,

De la vraie vie,
S'offre, le coffret de mes mains ouvertes,
De notre première vie
Alors regarde les fenêtres ouvertes.

Et tu verras
Le premier pas
Qui a été offert
Un beau soir près de la mer.

Alors je prie pour pour la paix
Alors je prie pour l'amour.

Et je ne voie que bien peu de lumière
Sauf, celle qui unit toutes du monde les prières.

Et je vole et je m'envole dans tes nuits
Où j'ai laissé traîner ma vie.

La vie ressemble à cette envolée,

La vie caresse tes joues,
Et plus de larmes, ni de secrets,
Il y aura la Vérité et Nous.

Voilà, la promesse que je t'accompagne
D'un baiser qui parle comme il l'entend,

Alors d'un pied bienveillant la campagne
Toucheras, et je te rejoindrais tout le temps

Parce que…, je t'aime.

Table des matières.

L'arbre qui aimait l'eau 7
Petite goutte de lumière 9
J'aime te voir 10
Elan 11
Quoi ? 12
L'éveil 13
Transmutation 14
La Corse 15
Bris de mer 16
Glace où je fonds 17
Magie 19
Le jardin du bois 21
La mer et le rêve 22
Air 23
Voyage ensoleillé 24
Comme c'est bon l'amour sur un parchemin 27
Dans mes nuits, je vois des fleurs 28
Nuit d'ébéne, portée par l'éclair 29
L'air était pur et bleu 31
L'Atlas 33
Soirée d'hiver dans une nuit d'été 34
Si un jour tu t'en vas 36
Si tu pars, ne m'oublie pas 37
Chance 38
Une prière 40
La nuit même bleue 44
Lui 48
La neige 52
Pour toi 55

Le soleil qui pleure, la lune sourit	58
La pluie	63
Limoges, le 15 février 2015	64
La licorne du soleil	68
L'horizon	70
Je vole	71
Pour toi	73
Pour le temps	74
Pour lui	77
La vie	80